KB166997

그림으로 읽는

제2차 세계대전

10

태평양전쟁 1

第二次世界大战史连环画库 27, 28

Copyright ⓒ 中国美术出版总社连环画出版社, 2015; 绘画: 陈玉先 等
Korean translation copyright ⓒ Korean Studies Information Co., Ltd., 2016
Korean translation rights of 《History of World War II》 (33 Books Set)
arranged with China Fine Arts Publishing Group_Picture-Story Publishing House directly.

그림으로 읽는
제2차 세계대전 ⑩

초판인쇄 2016년 10월 10일
초판발행 2016년 10월 10일

글 천팅이陳廷一, 첸차오淺草, 왕쑤이王素一
그림 정지웨鄭志岳, 정지밍鄭志明, 화쥔하오華均浩, 자오리중趙力中
옮긴이 한국학술정보 출판번역팀
번역감수 안쉐메이安雪梅

펴낸이 채종준
기 획 박능원
편 집 박미화, 이정수
디자인 이효은
마케팅 황영주

펴낸곳 한국학술정보(주)
주소 경기도 파주시 회동길 230 (문발동)
전화 031 908 3181(대표)
팩스 031 908 3189
홈페이지 http://ebook.kstudy.com
E-mail 출판사업부 publish@kstudy.com
등록 제일산−115호 2000. 6. 19

ISBN 978-89-268-7486-8 94910
        978-89-268-7466-0 (전 12권)

그림으로 읽는
제2차 세계대전
⑩

태평양전쟁 1

글 · 천팅이(陳廷一) 외
그림 · 정지웨(鄭志岳) 외

전
역
별
지
도

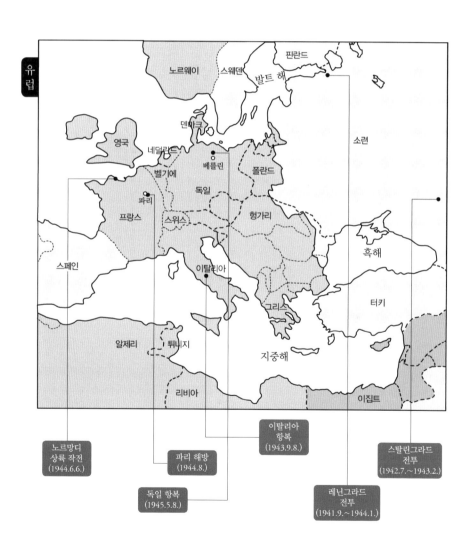

유럽

노르웨이　스웨덴　핀란드

발트 해

덴마크

영국　네덜란드

벨기에　베를린　폴란드　소련

파리　독일

프랑스　스위스　헝가리

흑해

스페인

이탈리아

그리스　터키

알제리　튀니지

지중해

리비아

이집트

노르망디
상륙 작전
(1944.6.6.)

파리 해방
(1944.8.)

이탈리아
항복
(1943.9.8.)

스탈린그라드
전투
(1942.7.~1943.2.)

독일 항복
(1945.5.8.)

레닌그라드
전투
(1941.9.~1944.1.)

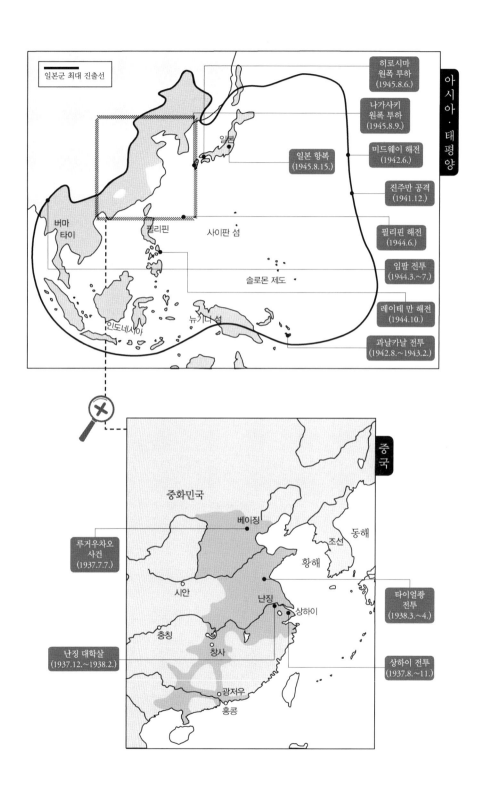

일본군 최대 진출선

아시아 · 태평양

히로시마 원폭 투하 (1945.8.6.)

나가사키 원폭 투하 (1945.8.9.)

미드웨이 해전 (1942.6.)

일본 항복 (1945.8.15.)

진주만 공격 (1941.12.)

필리핀 해전 (1944.6.)

임팔 전투 (1944.3.~7.)

레이테 만 해전 (1944.10.)

과달카날 전투 (1942.8.~1943.2.)

버마 타이

필리핀

사이판 섬

솔로몬 제도

인도네시아

뉴기니 섬

일본

중국

중화민국

베이징

동해

조선

황해

루거우차오 사건 (1937.7.7.)

시안

난징

상하이

타이얼좡 전투 (1938.3.~4.)

충칭

창사

난징 대학살 (1937.12.~1938.2.)

상하이 전투 (1937.8.~11.)

광저우

홍콩

머리말

1945년 9월 일본 군국주의의 '무조건 항복'

으로 막을 내린 제2차 세계대전이 종식된 지도 40여 년이 지났다. 세계대전이라는 대참사를 겪은 사람들 대다수는 피비린내 나던 그 세월을 잊을 수 없을 것이다. 제2차 세계대전은 유럽, 아시아, 아프리카, 오세아니아 등을 휩쓸었으며, 당시 전 세계 인구의 4분의 3에 달하는 20억 이상이 전쟁에 휘말렸다. 정확한 통계는 어렵지만, 사망자는 대략 5천만 내지 6천만으로 제1차 세계대전과 비교해서 4배가 넘었으며, 전쟁에서 소모되거나 파괴된 자산은 무려 4천억 달러에 이른다. 주요 전장(戰場) 중 한 곳이었던 중국은 일본 파시즘과의 장기전에서 커다란 희생을 치르고 마침내 승리할 수 있었다. 이 승리는 광명이 암흑을 몰아낸 승리이자 정의가 불의를 이겨낸 승리였는데 평범치 않은 역사에는 뒷사람들이 기리는 빛나는 사적과 더불어 몸서리쳐지는 잔혹한 범죄들도 존재했다. 오늘날 이 모든 것은 한 가닥 연기처럼 사라져 기억 속의 옛 자취가 되었다. 그러나 이러한 역사가 되풀이되지는 않을까? 또다시 똑같은 참사가 발생하지는 않을까? 이와 같은 고민은 전쟁의 상처를 고스란히 떠안은 우리 세대와 평화를 사랑하고 정의를 추구하는 개개인이 진지하게 심사숙고해야 할 문제이다.

중국연환화출판사에서 발간한 『제2차 세계대전사 연환화고(連環畵庫)』는 더 많은 독자가 제2차 세계대전의 전반적인 역사를 이해하기 쉽도록 풍부한 그림과 글로 세계대전의 전체 과정과 그중 중요한 전투를 재현했다. 일찍이 루쉰(魯迅) 선생이 '계몽의 예리한 도구'라 극찬한 연환화(連環畵)*는 중화인민공화국 수립 이후 지난 40년간 신속한 발전을 가져와 대중들에게 중요한 정신문화로 자리 잡았다. 독자층이 넓어지고 제재도 풍부해지면서 형식과 표현에서 진일보한 연환화는 예술적 감상과 오락적 기능을 넘어 지식을 전달하거나 교육 자료로 이용되는 등 여러 방면에서 활용되고 있다. 아무쪼록 본 시리즈가 독자들이 역사적인 사실을 배우고 이해하는 데 도움이 되길 바라며, 전쟁 도발자들의 추악한 면모와 야욕을 알고 평화와 정의를 수호하는 일이 얼마나 위대한 것인가를 깨닫기 바란다.

1989년 12월

장웨이푸(姜維朴)

---

* 연환화(連環畵): 여러 폭의 그림으로 이야기나 사건의 전체 과정을 서술하는 회화를 말하며 연속만화, 극화(劇畵)라고도 한다. 20세기 초 상하이에서 발전하기 시작했으며 문학작품을 각색하거나 현대적인 내용을 제재로 한다. 간단한 텍스트를 엮은 후 그에 걸맞은 그림들을 그리는데, 보통 선묘를 위주로 하며 간혹 채색화도 있다.

차례

2

미드웨이 해전 _ 56

연
표

1929년
- 10.24. 뉴욕 증시 대폭락으로 세계 경제대공황 시작

1931년
- 09.18. 만주사변(~1932 02.18.), 일본 승리

1933년
- 01.30. 히틀러, 독일 수상에 취임
- 03.04. 루스벨트, 미국 대통령에 취임

1937년
- 07.07. 루거우차오 사건(~07.31.), 일본 승리
- 08.13. 상하이 전투(~11.26.)
- 12.13. 일본의 난징 점령과 대학살(~1938.02.)

1938년
- 03.12. 독일, 오스트리아 합병
- 03.24. 타이얼좡 전투(~04.07.), 중화민국 승리
- 09.30. 뮌헨 협정(영·프·독·이)

1939년
- 03.15. 독일 체코슬로바키아 해체, 병합
- 08.23. 독일·소련 불가침조약
- 09.01. 독일의 폴란드 침공으로 제2차 세계대전 발발
- 11.30. 소련 – 핀란드 겨울 전쟁(~1940.03.13.)

1940년
- 05.10. 처칠, 영국 총리에 취임
- 05.26. 영·프 연합군의 됭케르크 철수(~06.03.)
- 09.27. 독일·이탈리아·일본 3국 동맹

1941년
- 06.22. 독일의 소련 침공으로 독소전쟁 발발
- 09.08. 레닌그라드 전투(~1944.01.27.), 소련 승리
- 12.07. 일본의 진주만 공습(태평양전쟁 발발)

1945년
- 02.19. 이오 섬 전투(~03.26.), 미군 승리
- 03.10. 미국의 일본 도쿄 대공습
- 04.01. 오키나와 전투(~6.23.), 미군 승리
- 04.28. 무솔리니 공개 처형
- 04.30. 히틀러 자살
- 05.08. 독일 항복
- 08.06. 히로시마 원자폭탄 투하
- 08.09. 나가사키 원자폭탄 투하
- 08.15. 일본 항복

1944년
- 03.08. 임팔 전투(~07.03.), 연합군 승리
- 06.06. 노르망디 상륙 작전
- 06.11. 사이판 전투(~07.09.), 미군 승리
- 06.19. 필리핀 해전(~6.21.), 미군 승리
- 08.26. 파리 해방
- 10.23. 레이테 만 해전(~10.26.), 연합군 승리
- 09.15. 펠렐리우 전투(~11.27.), 미군 승리
- 12.16. 벌지 전투(~1945.01.25.), 연합군 승리

1943년
- 09.08. 이탈리아 항복
- 11.22. 카이로 회담(1차 11.22.~26. / 2차 12.02.~07.)

1942년
- 01.31. 싱가포르 전투(~02.15.), 일본 승리
- 06.04. 미드웨이 해전(~06.07.), 미군 승리
- 07.17. 스탈린그라드 전투(~1943.02.02.), 소련 승리
- 08.07. 과달카날 전투(~1943.02.09.), 연합군 승리

프랭클린 루스벨트

(Franklin Delano Roosevelt, 1882.1.30. ~ 1945.4.12.)

미국의 32대 대통령으로 미국 역사상 처음이자 마지막으로 네 번이나 대통령직에 당선돼 12년간 백악관에 머물렀다. 대공황을 극복하기 위해 뉴딜 정책(정부의 개입에 의한 적극적인 경제 정책)을 강력하게 추진했다. 제2차 세계대전 초기에는 중립을 선언했으나, 1941년, 일본의 진주만 공습을 계기로 연합군에 동참해 미국과 연합국의 승리를 이끌었다. 1945년 4월 12일, 독일의 항복을 눈앞에 두고 뇌출혈로 사망했다.

레이먼드 스프루언스(Raymond Ames Spruance, 1886.7.3. ~ 1969.12.13.)

미국 해군 제독으로 태평양전쟁에서 많은 활약을 했다. 1942년 5월, 미드웨이 해전에서 엔터프라이즈호가 주축이 된 항공모함 부대를 이끌고 일본군을 격퇴시켜, 태평양함대 총사령관인 체스터 니미츠의 참모장이 됐다. 이어서 필리핀 해전과 사이판 상륙, 레이테 만 전투까지 큰 공적을 세워 대장으로 승진했다. 1944년부터는 윌리엄 홀시 제독과 1년마다 교대로 함대를 지휘했으며, 1945년에는 이오 섬 전투와 오키나와 전투도 지휘했다. 전쟁이 끝나고 은퇴 후 필리핀 대사로 임명돼 대사직을 수행했다.

야마모토 이소로쿠(山本五十六, 1884.4.4. ~ 1943.4.18.)

일본 해군 연합함대 총사령관으로 진주만 기습 공격을 주도해 이를 성공시켰다. 거함거포주의의 한계를 알고, 항공모함 간 항공전이라는 새로운 패러다임을 내세워 일본 해군 항공대를 육성했다. 미군이 둘리틀 공습으로 도쿄를 폭격하자, 미군 폭격대의 기습 가능성을 차단하기 위해 미드웨이 공략을 실행했다. 그러나 작전 실패로 항공모함 4척과 훈련된 조종사들을 대거 잃는 지독한 패배를 겪었다. 1943년 4월 18일, 남방 전선 시찰 중 일본군의 암호를 해독해 그의 시찰 일정을 알아낸 미군에 의해 격추돼 전사했다.

나구모 주이치(南雲忠一, 1887.3.25. ~ 1944.7.8.)

일본 해군 제독으로 진주만 공습을 지휘해 승리를 거뒀다. 이듬해는 인도양까지 진출해 실론 섬의 영국군 기지를 폭파하는 등 전과를 올렸으나, 제1항공함대 사령장관으로 참전한 미드웨이 해전에서 큰 실패를 겪었다. 1944년 6월 15일, 미군의 사이판 상륙을 저지하기 위해 출동했지만, 20일간의 저항 끝에 사이판 수비대는 전멸했고, 미군에 쫓겨 자살로 생을 마감했다.

1937년 7월, 일본 제국주의는 중국에 대해 전면적인 침략전쟁을 일으켰으며, 뒤이어 1940년, 독일·이탈리아와 추축국 동맹을 결성하고 극동 및 태평양의 방대한 지역을 차지하려는 허황된 음모를 꾸몄다. 일본군은 은밀히 전쟁을 위한 만반의 준비를 갖추고, 야마모토 이소로쿠(山本五十六)를 사령관으로 한 연합함대를 미국의 태평양 지역 군사기지인 진주만 부근으로 파견했다. 1941년 12월 7일 이른 아침, 일본군은 대규모의 항공기를 출동시켜 미군이 진주만에 정박해 놓았던 다수의 군함과 각 비행장의 작전 비행기를 폭파했다. 일본군의 진주만 공습은 미국의 해군·공군력에 심각한 타격을 주었고, 이 사건을 계기로 태평양전쟁이 일어났다.

글·천팅이(陳廷一)
그림·정지웨(鄭志岳)·정지밍(鄭志明)

그림으로 읽는 제2차 세계대전 ⑩

태평양전쟁 1

일본의 진주만 공습

1

일본이 중국을 침략하고, 1939년 9월, 유럽에서 독일은 폴란드 침공으로 제2차 세계대전을 촉발시킨 후 1년여 기간 동안 북유럽, 서유럽, 남유럽의 10여 개 국가를 점령했으며, 곧이어 총부리를 소련에 겨눔으로써 세계대전의 규모를 더욱더 확대시켰다.

중국 전장에서 일본 제국주의는 많은 중국 영토를 점령했다. 1940년 7월, 일본 고노에(近衛) 내각은 '기본국책요강'과 '세계 정세의 추이에 따른 시국처리요강'을 제정해 더 나아가 극동 및 태평양 일대의 방대한 지역을 차지하려는 야욕을 드러냈다.

"독·이·일 삼국동맹조약"

9월 23일, 일본군은 인도차이나 북부 점령을 시작으로 남쪽 지역 공략에 나섰다. 27일, 히틀러가 일본을 끌어들여 '독일 · 이탈리아 · 일본 삼국동맹조약'을 체결했고, 독일 · 이탈리아는 "일본이 대동아에서 구축하려는 새로운 질서의 지도적 지위를 승인하며 이를 존중한다"라고 밝혔다. 이에 아시아에 대한 일본의 침략 야욕은 더욱 간절해졌다.

중국과 아시아에서 세력 범위를 넓히려는 일본의 야심은 미 · 일 간의 갈등을 격화시켰고, 미국은 일본의 침략 행위에 대응해 일부 조치를 취했다. 1940년 9월, 헐 미국 국무장관은 일본 도쿄에 베트남을 건드리지 말라고 경고했다.

또한 미국은 평화회담을 통해 일본과의 갈등을 원만히 풀어 보려 했다. 1941년 3월부터 헐 국무장관은 노무라 기치사부로(野村吉三郎) 주미 일본 대사와 협상을 벌였다. 미국은 중국 동북을 포기하는 조건으로 중국과 태평양 지역에서의 이익을 보호하고자 했다.

당시 마오쩌둥(毛澤東)은 중국공산당을 대표해 미·일 간의 협상에 대해 신랄하게 비난했다. "미·일이 서로 타협해 중국을 희생시키는 것은 반공반소 국면을 조성하는 동방 뮌헨의 새로운 음모이며, 반드시 이를 폭로해 저지해야 한다." 결국 중국의 결사 반대로 극동에서의 뮌헨 음모는 실패로 끝났다.

1941년 6월 22일, 독소전쟁이 발발하자 일본 내각과 최고사령부 내에는 정세에 따라 '남진'할 것인가, '북진'할 것인가를 두고 이론이 분분했다. 마쓰오카 요스케(松岡洋右) 외무장관은 '선 북진, 후 남진'을 주장했는데, 독소전쟁을 틈타 소련 극동지역에 출병하자는 것으로 이는 '떫은감주의'라고 불렸다.

도조 히데키(東條英機) 육군대신은 '선 남진, 후 북진'을 주장했는데, 소련의 패색이 짙어졌을 때 출병하면 손쉽게 시베리아를 취할 수 있으므로 마치 감이 익어 떨어질 무렵에 따는 것과 마찬가지라 하여 '익은감주의'라고 불렸다.

해군은 병력을 총동원해 남진할 것을 주장했는데, 남진함으로써 국제적인 중국 지원 도로를 차단해 중일전쟁을 하루빨리 종결할 수 있을 뿐더러 또한 동남아의 풍부한 자원을 탈취해 미·영과 태평양에서 결전을 치를 군사기지도 구축할 수 있다는 것이었다.

7월 2일, 일본 천황이 소집한 어전회의에서 '제국국책요강'을 통과시켜 '남진(南進)'을 위주로 하고 앞으로 독소전의 전개에 따라 '북진'을 추진한다는 방침을 결정했다. 이로써 '남진' 정책이 확정되었다.

일본은 자신들의 남방 진출 계획을 감추기 위해 사방으로 병력을 이동 배치하면서 군용 물자를 끊임없이 동북으로 수송하는 한편 동북에서 '관동군 특별 대연습'을 실시해 이목을 돌리고 국제 여론의 주목을 받음으로써 미국을 혼란스럽게 했다.

7·19

동시에 뒤에서는 비밀리에 적극적인 남진 준비를 했다. 7월 19일, 일본군 최고사령부는 중국 하이난 섬(海南島)에서 대기하던 제25군 사령관 이이다 쇼지로(飯田祥二郎) 중장에게 인도차이나 남부에 침입한 후 바로 인도차이나 전체를 점령하라고 명령해 미국의 태평양 속지(屬地)인 필리핀을 직접적으로 위협했다.

8월 28일, 웰스 미국 부국무장관은 정부를 대표해 일본군에 인도차이나에서 철수할 것을 요구했다. 이와 함께 미국은 필리핀에 극동육군총사령부를 세우고 맥아더를 총사령관으로 임명해 일본의 동남아 공격에 대비했다.

9월 6일, 일본은 어전회의에서 "제국은 자존자위(自存自衛)를 위해 영·미 및 네덜란드와의 전투를 불사하며 10월 하순 전쟁 준비 완료를 목표로 한다"라는 결의를 통과시키고, 동시에 동남아 각지의 5개 지역을 침략하기로 결정했다.

10월 13일, 미·일 간의 전쟁이 눈앞으로 다가오자 치밀하고 교활한 고노에 후미마로(近衛文麿) 일본 수상은 수상 직무에서 사퇴했다.

일본 천황은 도조 히데키 내각 구성을 결정했다. 10월 17일, '면도칼'로 불리는 도조 히데키가 정권을 잡으며 외무 대신, 육군 대신, 내무 대신을 겸임(이후 일본군 총참모장도 겸임)했다. 그리고 전쟁 준비에 더욱 박차를 가했고 남진을 위한 해군·육군 병력을 강화시켰다.

또한 지속적으로 미국과 협상할 것임을 밝히고 구루스(來棲)를 특사로 임명해 노무라 대사를 도와 미국과의 '회담'에 나서도록 했다. 그러나 사실상 이는 '평화의 사도'를 이용해 미국이 경계를 늦추도록 하려는 것이었다.

한편 일본 군사 수뇌들은 미국, 영국, 네덜란드가 동남아에 두고 있는 주요 근거지를 제거하고, 미국령 필리핀과 영국령 말라야를 선제 공격과 기습 공격으로 장악하는 등 태평양에서 전면 공세를 취하기 위해 육군·해군의 남진 작전 계획을 수립했다.

야마모토 이소로쿠 남진 연합함대 사령관은 일본 군사 수뇌들에게 자신의 주장을 거듭 천명했다. 아시아를 독점하고 남쪽으로의 공격에 집중하려면 먼저 미국의 태평양 하와이 제도 오아후 섬에 있는 군사기지 진주만을 공격해야 한다는 것이었다. 이 '미국 상어'의 이빨을 뽑아버리는 것이야말로 태평양전쟁에서의 승부수였다.

11월 3일, 일본 군령부 나가노(永野) 부장은 야마모토의 진주만 습격 해군 작전 계획을 승인했다. 야마모토의 계획은 공중 기동 습격으로 진주만에 있는 미국 태평양함대 주력 및 섬 내 공군 비행장을 집중 타격하는 것이었다.

목적을 달성하기 위해 일본군은 항공모함 6척을 비롯해 전함 30여 척으로 이루어진 기동 돌격특별함대를 구성해 개전 10여 일 전에 일본 북쪽에서 은밀히 출발하도록 하고, 진주만 기습 당일 일출 전에 오아후 섬 북쪽 2백 해리(약 370km) 되는 해상에 도착해 공격하기로 했다.

이 외에도 잠수정 27척을 주력으로 한 3개 선견(先遣)함대를 편성해 함께 공격하고, 특종 잠수정 5척으로 1개 특종공격함대를 편성해 미국 함대 정찰과 공격 임무를 맡기로 했다.

11월 6일, 일본 어전회의에서 '제국국책실시요강'을 통과시켰는데, "대동아의 새로운 질서를 구축하기 위해 미국, 영국, 네덜란드와 전투를 벌이기로 결정하고", "공격 일자는 12월 초로 육군ㆍ해군은 반드시 그 전에 작전 준비를 마쳐야 한다"라는 내용을 담고 있다.

기습에 성공하기 위해 일본군 최고사령부는 여러 차례 그림과 모형을 이용해 공격 작전을 점검하고, 11월에는 사이키 만에서 전함을 목표로 두 차례 공격 예행연습을 진행했다. 야마모토는 공격 계획을 면밀히 검토하고 보완해 보다 완벽을 기할 수 있도록 했다.

일본군 최고사령부는 미국의 감시를 피하기 위해 외진 곳에 있지만, 지형이 진주만과 흡사한 사쿠라지마 섬에서 진주만 기습 실전 훈련을 진행했다. 또한 비밀리에 관련 기술·전술 훈련을 하고 공군은 저공비행 포탄투하 훈련을 실시했다.

여러 차례 도상(圖上) 연습과 실전 훈련을 통해 일본군 최고사령부는 반드시 하와이의 정보를 추가 수집하고 미국 함대의 동태를 확실히 파악하며 최대한 아군의 특별함대를 은폐하는 동시에 초심도 공중어뢰의 연구·개발을 서둘러야 한다고 결론지었다.

일본은 무관, 영사, 간첩 및 모든 정찰 수단을 동원해 진주만의 지상, 공중, 해상, 수중에 이르기까지 샅샅이 살피고 각종 정보를 수집했다. 그 시기, 일본이 오아후 섬 진주만 지역에 파견한 간첩만 2백여 명에 달했다.

일본 해군 군령부는 이미 3월에 정보군관 요시카와(吉川)를 파견했는데, 그는 모리무라(森村)라는 이름의 주호놀룰루 일본 영사관 1등 비서로 호놀룰루에 도착해 전문적으로 진주만, 태평양함대 관련 정보를 수집했다.

평소에 요시카와는 방탕한 생활을 하며 할 일 없이 늘 일본 교민이 운영하는 해변 주점인 춘조루(春潮楼)에 가서 난간에 기대 바다 풍경을 감상하거나 해변을 거닐다가 미국 군사시설 출입금지 구역에 들어가 미군 상황을 은밀히 살폈다.

요시카와는 오랜 기간 활동하면서 수집한 정보를 상사인 키타 나가오(喜多長雄) 총영사를 통해 도쿄에 비밀리에 전했다.

일본에 매수된 일부 일본 상인, 독일 교포 간첩들도 해변에 거주하면서 저녁마다 창문 불빛의 개수 및 보트에 어떤 표지를 걸어 놓는 식으로 항구에 입출항하는 미국 태평양함대 함선의 척수와 일자를 은밀히 일본 총영사관에 보고했다.

또한 일본은 일부 군관들을 여행객 또는 선원으로 위장시켜 진주만과 예정 기습 항로 및 지점에 대해 정찰하게 했으며, 또한 잠수정을 진주만 부근으로 보내 정탐하기도 했다.

일련의 활동을 통해 일본은 오아후 섬의 미군 대공·대해 방어시설, 비행기와 함정의 종류, 수량 및 정박 위치 그리고 미군의 평시와 휴가일 관련 규칙 등을 모두 꿰뚫고 있었다.

이 기간 동안, 일본군은 외진 곳에 있는 어느 항만에서 비밀리에 기습 실전 훈련을 진행하는 동시에 주요 항만에서는 각국 주일본 무관을 초청해 상륙 연습을 참관케 하며 미·영의 주의를 끌었다.

일본은 또 진주만의 수심이 얕기 때문에 안전 꼬리지느러미를 가진 초심도 공중어뢰, 미니 잠수정 등을 연구 · 제작해 미국 항구 내 각종 함정 공격에 사용하려 했다.

대육군령 제556호

대해령 제1호

11월 중순, 일본 최고사령부 해군부는 '대해령(大海令) 제1호'를 발령하고, 남진 연합함대에 모든 전투 준비를 마친 후 지정된 지점에 집결하라고 명령했고, 육군부도 동시에 '대육군령 제556호'를 하달하고 남방방면군의 전투 서열 진입을 명령했다.

야마모토 이소로쿠 연합함대 사령관은 곧 "기동부대는 반드시 극비리에 11월 20일까지 히토캇푸 만에 집결해 대기"하라는 명령을 내렸고, 나구모 주이치(南雲忠一)를 사령관으로 한, 진주만 기습 임무를 맡은 특별함대가 히토캇푸 만으로 떠났다.

히토캇푸 만은 인적이 적고 하얀 눈이 뒤덮인 쿠릴 열도 남쪽 에토로후 섬에 위치했다. 나구모 특별함대는 항구에 들어서자마자 외부와의 일체 통신 연락을 끊고 군함과 비행기를 파견해 주변을 경계했다.

11월 21일, 야마모토는 연합함대 제5호 작전 명령인 '후지산 등반'을 하달해 나구모 특별
함대에 11월 26일 히토캇푸 만에서 출발, 12월 3일 저녁에 작전 해역에 도착해 대기하라
고 명령했다. 특별함대의 임무는 진주만 내 미군 함정과 오아후 섬 내 비행장 7곳의 비행
기를 폭파해 없애는 것이었다.

나구모는 명에 따라 특별함대를 이끌고 정해진 시각에 히토캇푸 만에서 출발해 비밀리에
하와이로 항진했다. 항공모함 6척은 두 갈래 종대로 배치하고, 네 모서리에는 고속전함 2
척과 중순양함 2척, 가장 바깥쪽에는 구축함 9척을 배치했으며, 순양함 1척이 앞에서 길을
안내했다.

이 외에도 잠수정 3척으로 구성된 선견정찰대와 유조선 8척으로 구성된 보급선도 동시에 출발했다. 방대한 나구모 함대는 파도가 일렁이는 태평양을 항해했다.

나구모 함대는 제1파(波) 공격대 돌격비행기에 뇌격기 40대, 수평폭격기 49대, 급강하폭격기 51대, 전투기 43대 등 총 183대의 비행기를 투입해 공중역량 또한 강력했다.

미국은 일본군의 각종 군사 행동에 대해 일찍부터 눈치채고 있었으며 정보기관도 일본 암호의 비밀을 파악했다. 이 암호들은 26개 영문 자모와 48개 일본 가타카나로 구성됐으며 '퍼플암호기'로 발송 내지 접수했다. 미 정보 부문에서는 암호해독 기술을 '마술'이라 불렀다.

미국 군정 지도자들은 일본의 기세등등한 군사 행동과 많은 해독 정보에 대해 "일본의 주요 목적은 필리핀 공격이다. 일본은 그냥 허세를 부리는 것일 뿐 실제로 미국과 싸우지는 않을 것이니 걱정할 필요가 없다"라고 오판했다.

미국은 태평양에 강력한 해군과 육군을 보유하고 있었다. 전함 102척 중 3분의 2가 진주만에 정박해 있었고 비행장에는 각종 군용 비행기 5백여 대가 있었는데, 그중에는 항속거리가 2천4백km에 이르는 '슈퍼공중요새' B24도 포함됐다. 지상 및 함정에는 대공 화포 천여 문이 있었고, 육군 2개 사단 약 4만여 명이 주둔해 있었다.

마셜 미 육군 참모장은 미군의 태평양 군사 시설을 시찰한 후, 특히 진주만 상황에 대해 무척 만족스러워했다. 또한 일본군이 감히 진주만을 공격할 것이라고 상상도 못했으므로 방어가 소홀해졌다.

일본군 나구모 함대가 태평양에서 남쪽으로 항행할 무렵인 11월 27일에 마셜과 스턱 해군
작전부장은 루스벨트 대통령에게 일본군의 남진 목표는 태국 및 동남아 침입이며 일본군
주력은 여전히 일본 영해에 있다고 보고했다.

이와 함께 일본이 미국에서 일본 교민을 철수시킬 '타츠타마루' 여객선이 12월 2일 일본
요코스카에서 출발해 호놀룰루로 향했는데, 12월 14일에 미국을 떠나 귀국하기로 돼 있었
다. 이는 미국으로 하여금 일본과의 전쟁이 실제 벌어지더라도 12월 14일 이후가 될 것이
라고 오판하게 만들었다.

12월 2일, 일본 육 · 해군 군부는 회의를 열고 진주만 기습 일자를 12월 8일(하와이 기준 12월 7일)로 결정했다. 이날은 미군의 주말 휴일로 태평양함대의 함정 대부분이 항구에 정박해 있을 것이기 때문이었다.

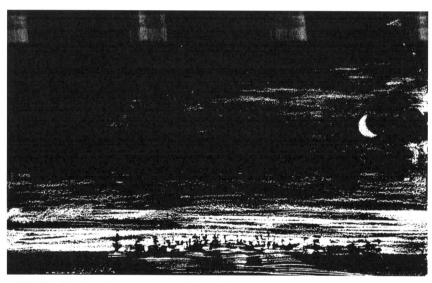

일본군은 기습하는 날(음력 10월 19일) 밤부터 일출 전까지 하현달이 떠 육해공군이 기습 준비를 하는 데 유리하다고 예측했다.

2일 오후 5시, 마쓰야마 겐나(松山元和) 일본 육군 참모장과 나가노 오사미(永野修身) 해군 군령부장은 천황의 동의를 얻은 후, 해군성에 공격 일자를 결정한 '대해령 제12호' 명령을 하달했다.

'대해령 제12호'가 하달되고 30분 뒤, 야마모토 연합함대 사령관은 나구모 특별함대에 "신 고산(新高山)에 올라가라 1208"이라는 비밀 무전을 발신했는데 "개전 일자는 12월 8일 새 벽 0시(도쿄시간)로 예정 계획대로 진행할 것"이라는 의미였다.

일본군 연합함대는 12일간 항해한 끝에 12월 7일(하와이 시간) 0시, 계획대로 제시간에 진주만 북쪽으로 230해리(약 430km) 떨어진 해상에 도착했다. 곧이어 비행기 4백 대가 항공모함에서 발진해 진주만으로 조심스레 향했고, 각 함정도 전투 태세를 취했다.

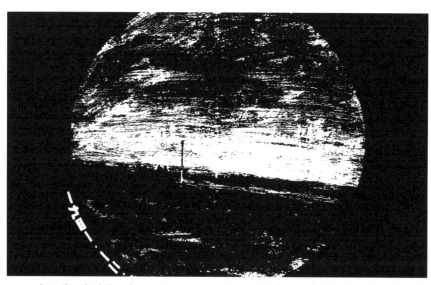

1941년 12월 7일 새벽 3시 35분, 콘도르호 미국 소해정*이 진주만 서남 부표 부근에서 칠흑같이 어두운 수면에 잠수정의 잠망경이 드러난 것을 발견하고, 즉시 섬광등 신호로 정찰 구축함 워드호에 통지했다.

*소해정(掃海艇): 〈군사〉 바다에 부설한 기뢰 따위의 위험물을 치워 없애는 데에 쓰는 배

3시간 뒤, 워드호 조타수가 잠수정의 지휘탑이 수면에 드러난 것을 발견했다. 마침 PBY 수상정찰기가 상공에서 역시 적의 잠수정을 발견하고 조명탄을 투하해 목표물을 확인하도록 했다.

워드호는 즉시 목표물을 향해 포탄 2발을 발사해 일본군 미니잠수정 하나를 명중시켰으며, 연달아 두 차례 포착된 적의 정황을 상부에 보고했다.

미국 주하와이 해군 당국은 보고를 받고서도 모두 '믿을 수 없거나', '잘못 본 것'이라고 판단해 이 정보를 흘려버렸다.

7일 이른 아침 7시, 오아후 섬 동북쪽 오파나 레이더 기지의 레이더 화면에 섬에서 132해리(약 240km) 정도 떨어진 상공에 대규모의 비행기가 남쪽을 향해 날아오는 것으로 나타났다. 미군 레이더병 2명은 7시 2분에 육군기지 당직군관에게 보고했다.

당직군관은 하와이 음악에 심취해 있던 중 보고를 듣고는 자국 B-17 비행기가 본토에서 하와이로 날아오는 것으로 여겨 레이더 기지에 "걱정 좀 작작해라"라고 답했다.

일본군 나구모 함대 비행기가 이미 하와이 제도에 접근하고 있을 무렵, 루스벨트 대통령 부인은 집에서 연회를 열었고 대통령 본인은 우표첩을 감상하고 있었다.

그 시각 백악관 미국 정부 요원들은 노무라와 구루스 두 일본 협상 대표를 기다리고 있었다.

이때 미국 정보부에서 일본의 '1시 전보(워싱턴의 오후 1시는 하와이의 오전 4시)'를 해독했는데, 이는 일본이 노무라 대사에게 기습이 시작(구체적 기습 목표는 밝히지 않음)됐음을 알리는 정보였다.

윌킨슨 정보국장은 즉시 이 정보를 스턱 해군 작전부장에게 건넸고, 스턱은 킴멜 태평양함대 사령관에게 전화하려다 잠을 깨울까 봐 전화기를 내려놓고 극장으로 '천재학생' 공연을 보러 갔다.

12월 7일은 일요일이라 아침부터 하와이 · 호놀룰루 방송국에서는 경쾌한 재즈음악을 틀어주었다. 태평양함대 병사들은 일부만이 아침식사를 하고 있었고, 대부분 수병은 함선을, 조종사는 비행장을 떠난 상태로 오아후 섬은 휴일 분위기에 젖어 있었다.

미국 태평양함대는 출항한 항공모함을 제외하고는 기타 모든 함정과 선박이 평소처럼 질서 정연하게 진주만 내에 정박해 있었고, 비행기 역시 오아후 섬의 각 비행장에 나란히 세워져 있었다.

7시 55분, 후치다 미쓰오(淵田美津雄)가 이끄는 제1파 공격대의 비행기 183대가 진주만 상공에 이르렀다. 후치다는 항구 내에 정박해 있는 미국 함선과 비행장에 세워져 있는 비행기를 보고 나서 흥분한 나머지 포탄을 투하하기도 전에 기습성공 신호를 보냈다.

진주만의 미군은 대규모 일본군 비행기가 상공에 날아온 것을 연습으로 오인했다. 첫 번째 일본 비행기가 급강하할 때까지 기지 감시초소 군관은 이 조종사를 규율 위반으로 처분할 것을 건의한다고 기록하고 있었다.

군대 병영에서 미국 국기를 올리던 병사는 상공에서 비행기가 번개같이 급강하해 내려오는 것을 보고 계속해서 손을 흔들어 경의를 표했다.

순식간에 급강하한 일본 폭격기들은 마른하늘에 날벼락마냥 미군 진주만 기지의 각 비행장을 융단 폭격하고 기관총 등을 마구 쏘아댔다.

얼마 안 되는 몇 분 동안 카네오헤와 포드 섬 내 미 해군 비행장, 휠러 · 벨로즈 · 히캄의 육군 비행장 그리고 통가타푸 해병대 비행장은 전부 폭격을 맞아 마비 상태에 빠졌고 대부분의 비행기가 파괴됐다.

7시 58분

7시 58분, 일본군의 두 번째 돌격 비행기 무리가 또다시 진주만 상공에 도착했고, 이번 표적은 항만 및 주변 항로에 정박해 있는 미군 태평양함대 각종 함정 98척이었다.

일본군 뇌격기는 사방에서 저공비행으로 '미군 전함이 즐비한 거리'에 접근해 지면에서 12m밖에 안 되는 고도에서 어뢰를 발사했다. 수중에서 흰색 어뢰 흔적이 종횡으로 교차되더니 연이은 굉음과 함께 여기저기서 물기둥이 솟아오르고 불길이 하늘로 치솟았다.

미군 태평양함대의 애리조나호 전함은 몇 동강이 나 버렸고, 펜실베이니아호를 제외한 다른 전함 여러 척이 심하게 파괴됐으며, 오클라호마호는 전복됐고, 웨스트버지니아호와 캘리포니아호는 그 자리에서 침몰했다. 항구에 정박해 있던 미군 함정도 일본 공군의 융단 폭격에 전부 손상됐다.

8시, 미군 당국이 첫 번째 경보를 울렸다. "진주만 피습, 훈련 아님." 킴멜 태평양함대 사령관은 즉시 워싱턴과 하트 해군 상장 및 모든 해상부대에 긴급 무전을 보냈다. "진주만이 일본군의 공습을 받았다. 절대 연습이 아니다!"

8시 25분, 일본군 제1파 공격대가 떠나가고 30분 뒤 제2파 공격대의 비행기 168대가 또다시 진주만으로 날아와 무차별 폭격을 퍼부었다. 이때부터 미군은 간헐적인 포화로 반격했으나 아무런 소용이 없었다.

9시 50분, 일본군 제2파 공격대가 떠나갔다. 2차 공격을 마치고 돌아온 일본군 조종사들이 제3차 공격을 진행하려는데 나구모는 도둑이 제 발 저리다고 기습에 성공한 특별함대를 이끌고 재빨리 회항했다.

미국 태평양함대는 아직 항공모함 3척이 남아 있었다. 엔터프라이즈호는 웨이크 섬에서 진주만으로 회항하는 도중이었고, 렉싱턴호는 비행기를 미드웨이 제도로 수송하던 중이었으며, 사라토가호는 미국 서해안에서 정비 중이었다.

태평양함대의 다른 중순양함 11척과 구축함 11척은 사전에 출항해 호송하거나 해상수송 임무를 수행하던 중이라 이번 공습을 피할 수 있었다.

일본 비행기의 공습이 끝나자마자 미국 본토에서 날아온 B-17 '공중요새' 한 무리와 회항 중이던 엔터프라이즈호 항공모함의 특별파견대 비행기가 혼란 속에서 항구 상공에 이르 렀다. 미군은 다시 습격하러 온 적기로 오인해 황급히 대포를 쏘아 불행하게도 아군 정찰 기 7대와 B-17 '공중요새' 1대를 격추시켰다.

일본군은 진주만을 기습한 두 차례 공격에서 총 95분 동안 미군 주요 함선 18척을 격침시 키거나 손상을 입혔고, 미군 비행기 3백여 대를 파손시켰으며, 미군 4천5백여 명을 사상 하여 태평양함대는 거의 전멸되다시피 했다. 반면 일본은 비행기 28대와 잠수정 6척을 잃 었다.

일본군의 진주만 공습 성공으로 최고사령부 장군들은 크게 기뻐하며 축배를 들었고 병사
들 역시 늦은 밤까지 마음껏 즐겼다. 일본 제국주의의 극동을 장악하려는 야욕이 거의 실
현된 듯싶었다.

일본이 진주만을 공습한 후, 녹스 미 해군부 부장이 전화로 대통령에게 진주만 기습 소식
을 보고했고, 루스벨트는 숨도 못 쉴 정도로 화가 나서 밤 11시가 되도록 넋을 놓고 있었다.

이튿날, 루스벨트는 국회 연설에서 1941년 12월 7일을 "영원히 잊지 못할 치욕의 날"이라고 하며 "우리는 우리의 모든 것을 바쳐 이 전투에 임할 것"이라고 선언했다.

일본의 진주만 공습으로 태평양전쟁이 발발했으며 미국이 직접적으로 제2차 세계대전에 휘말리게 됐다. 야마모토 이소로쿠 일본 연합함대 사령관은 최대한 빠른 시간 내에 거의 마비 상태에 빠진 미국 태평양함대를 철저히 궤멸시켜야 한다고 판단해, 얼마 뒤 다시 태평양함대를 유인해 미드웨이 제도에서 결전을 치른다.

미드웨이 해전은 제2차 세계대전 태평양전쟁 가운데 전환적 의의가 있는, 대표적인 해전이다. 일본 제국주의는 태평양전쟁이 시작되고 한동안 위세를 떨쳤다. 본토 방어와 더 나아가 침략 확장을 위한 해군·공군 전진기지 마련을 위해 야마모토 이소로쿠 연합함대 사령관을 비롯한 일파는 동쪽으로 진격해 하와이 제도를 점령하고 미군 태평양함대를 유인해 전멸시키자고 주장했다. 이 주장은 곧 일본군 최고사령부에서 통과됐고, 이 허황된 야심을 실현하기 위해 야마모토는 직접 이번 해전을 계획 및 지휘한다. 일본군의 6개 함대가 미드웨이를 기습 공격하는 작전이었는데 이미 일본군의 무전 암호를 해독한 미군은 만반의 준비를 하고 기다렸다. 결국 미드웨이 해전에서 일본 해군·공군은 막대한 손실을 입고 크게 패했다.

글·첸차오(淺草)·왕쑤이(王素一)

그림·화쥔하오(華均浩)·자오리중(趙力中)

그림으로 읽는 제2차 세계대전 ⑩

태평양전쟁 1

미드웨이 해전

2

제2차 세계대전이 발발하고 독일이 유럽 전장에서 연전연승하자 동맹국 일본은 눈이 번쩍 뜨였다. 그러나 일본은 중국 전장이 지지부진한 상황이었으므로 전략 자원이 매우 부족했다. 1941년 7월 2일, 일본은 어전회의에서 남방지역 공략을 결정하고 자원이 풍부한 동남아를 탈취하기 위해 영·미와 결전을 치르기로 결정했다.

일본군이 제멋대로 인도차이나 남부에 침입하자 영국, 미국, 네덜란드가 연합해 일본으로 들어가는 석유 공급을 차단했다. 일본군은 석유 수급이 안 되면 군사 활동에 극심한 제약이 따르므로 이는 일본군의 생사존망이 걸린 문제였다. 일본 정부 수뇌들은 밤낮 없는 논의를 거쳐 최종적으로 영·미를 기습 공격하기로 결정했다.

1941년 12월 7일, 일본 연합함대가 진주만을 습격해 미국의 주요 함선 18척을 격침 또는 파괴함으로써 미국 태평양함대에 커다란 손실과 치욕을 안겨주었다. 미국, 영국, 네덜란드 3국이 연합해 일본에 대해 조치한 석유 무역 금지에 결국 커다란 틈이 생긴 것이다.

같은 시각, 일본군의 공세는 순조롭게 전개돼 말레이 반도에 이어 싱가포르, 태국을 정복함으로써 보르네오의 주요한 유전 지대를 장악하기 시작했다.

또한 일본 해군은 단번에 영국 극동함대 주력인 프린스오브웨일스호와 리펄스호 전함을 격침시키고, 일본 육군을 도와 필리핀, 인도네시아, 즈바라, 벵갈 만의 안다만 제도를 점령했다.

그러나 일본군의 진주만 공습 때 항구에 있지 않아 무사할 수 있었던 미군 항공모함과 중순양함 여러 척은 일본 해군에게 여전히 위협적인 존재였다. 일본 연합함대 사령관 야마모토 이소로쿠 해군 대장은 미군이 지난 공습에 대한 보복으로 함재기 또는 해안기지 비행기로 일본 본토를 대규모 공격할까봐 두려웠다.

1942년 2월, 미군 함재기가 일본이 점령한 마샬 제도에 연이어 공습을 가했다. 3월 3일, 미국 홀시 해군 중장이 이끄는 엔터프라이즈호를 주력으로 한 기동함대가 미나미토리 섬을 공격해 일본 수비군을 긴장시켰다.

연합함대 참모장 우가키 마토메(宇垣纏) 해군 소장은 우월한 일본 해군력을 이용해 속전속결로 하와이 탈취 및 미국 함대 섬멸을 주장했다. 사령부는 논의를 거쳐 우가키의 주장은 실행 과정에 많은 애로가 있으므로, 방향을 바꿔 미드웨이 제도를 탈취해 공군의 전진기지로 하는 동시에 미국 함대를 유인해 섬멸하기로 했다.

야마모토 이소로쿠는 해군의 동진(東進) 계획을 전적으로 지지했다. 1942년 3월 말, 연합함대 사령부가 미드웨이 작전을 수립했으나 이 작전이 군령부에서 통과되기는 쉽지 않았다.

예상대로 반대파 및 군령부는 이견이 분분했다. 육군은 동진에는 반대하고 오스트레일리아 점령을 주장했으며, 군령부도 누벨칼레도니, 피지, 사모아를 공격하는 것이 미드웨이 공격보다 미국 함대를 유인해 섬멸할 가능성이 더 높다고 판단했다. 양측은 자신들의 주장을 고집하며 어느 쪽도 물러서려 하지 않았다.

야마모토 이소로쿠는 군령부에 양보할 생각이 전혀 없었다. 최종적으로 군령부 대표 후쿠도메(福留) 해군 소장과 이토(伊藤) 해군 중장이 할 수 없이 미드웨이 작전에 동의했으나, 작전 계획 세부 사항에서 양측은 여전히 의견 일치에 도달하지 못했다. 그때 한 가지 사건이 일어났다.

4월 18일 이른 아침, 일본 해군이 징발한 어선 닛토마루가 도쿄 동쪽 720해리(약 1,330km) 되는 정찰 지점에서 당직을 서던 중 옅은 아침 안개 사이로 미국 함대가 일본 본토를 향해 나아가는 것을 발견했다. 일본 군관은 미군 항공모함 3척이라고 판단하고 즉시 연합함대 사령부에 보고했다.

다른 지역에서 근무하던 나구모 주이치 중장은 아카기호 기함에 승선해 함대를 이끌고 본
토로 돌아가기 위해 바시 해협을 통과하는 도중 닛토마루가 보낸 적의 정황에 관한 공문
과 연합함대 사령부의 명령을 받았다. 사령부는 그에게 예정된 '제3호 전술'에 따라 즉시
작전구역으로 이동할 것을 명령했다.

나구모의 위치는 미 군함과 많이 떨어져 있었지만 명령을 반드시 실행해야 했으므로, 모
든 비행기를 비행갑판에 옮겨 긴급 대기시키고 최고 속도로 미 군함이 있는 방향으로 항
진했다.

이와 함께 일본군 제26항공대의 폭격기 32대는 제로기 12대의 엄호 아래 도쿄 부근 기사라즈 기지에서 발진해 줄곧 태평양 항로의 끝까지 수색했으나 미 군함의 그림자도 찾지 못하고 전투기와 나구모 함대는 회항해야 했다.

일본의 예상과는 달리 미군 B-25 폭격기는 일본 경계(警戒) 비행기를 피해 초저공비행으로 일본 상공에 날아들어 대낮에 공습했다. 우선 도쿄에 폭탄이 떨어져 커다란 불길이 하늘로 치솟았다.

20대도 채 되지 않는 B-25 폭격기는 각각 요코하마, 가와사키, 요코스카 및 남부의 나고야, 욧카이치, 와카야마, 고베를 폭격했는데, 이는 태평양전쟁 이래 일본 본토가 처음으로 당한 공습이었다.

일본인들이 미처 정신을 차릴 새도 없이 B-25는 신속히 일본 상공을 벗어나 서남 방향으로 날아갔다. 이들은 일본 인근에 있던 항공모함에서 발진해 편도공습을 한 후 해상 또는 중국 영토에 착륙하는 방식을 취했다. 그중 연료가 떨어진 폭격기 몇 대가 중국 영토 내 일본 점령지역에 착륙해 조종사가 생포됐다.

생포된 조종사는, 폭격기는 둘리틀 중교가 이끌었으며 모두 와스프호 항공모함에서 발진
했다고 자백했다. 또한 이번 공습은 와스프호와 엔터프라이즈호 항공모함 2척만이 참가했
으며, 이미 일본군에게 발각됐으므로 대낮 공습으로 바뀌었다고 했다.

미군 폭격기의 본토 공습으로 야마모토 이소로쿠는 재고의 여지없이 미드웨이 작전을 실
행해 방어 범위를 동쪽으로 미드웨이 제도, 알류샨 열도 서부 일대까지 넓히기로 결정했
다. 여태껏 부정적인 태도를 보이던 반대파와 군령부도 흔쾌히 동의했다.

작전 방안에 따라 야마모토 대장은 직접 주력편대 및 나구모 중장의 항공모함 편대, 곤도
(近藤) 중장의 미드웨이 제도 공략편대, 다나카(田中) 소장의 수송선 연대, 호소가야(世萱) 중
장의 알류샨 편대, 고마츠(小松) 중장의 선견 잠수정 편대, 쓰카하라(塚原) 중장의 기지항공
부대 등 6개 전술부대를 지휘하게 됐다.

연합함대 사령부는 작전 실행을 위한 준비로 여념이 없었다. 드디어 전함 11척, 항공모함 8
척, 순양함 23척, 구축함 65척, 잠수정 21척, 기타 함선 백여 척 등 6개 전함편대로 구성된
연합부대는 비행기 7백여 대를 싣고 각 편대 사이에 수백 해리 간격을 유지하면서 두 갈래
로 나누어 출격했다.

5월 5일, 군령부 총참모장 나가노(永野) 해군 대장은 천황의 지시로 '대해령 제18호'를 발령하고, 연합함대와 육군 강화연대가 협력해 미드웨이 제도 및 알류산 열도 서부 요충지를 점령하라고 지시했다.

5월 27일은 일본 해군의 날이다. 이날 아침, 햇빛 찬란한 세토 내해(內海) 하시라지마 정박지에는 야마모토 이소로쿠 연합함대 사령관의 기함인 6만 8천 톤의 야마토호 전함이 해군 대장기를 걸고 정박해 있었다.

방대한 연합함대는 연료와 보급품을 꽉 채워 싣고 출항을 기다렸다. 통신 연락 신호기가 바람에 나부끼며 내는 소리를 빼면 정박지에는 정적만이 감돌았다. 함대는 마치 곧 먹이를 덮치려는 맹수마냥 힘을 모으고 몸을 도사린 채 조용히 시기만 엿보고 있었다.

정각 8시, 아카기호 항공모함이 신호기를 올리고 "정시 출항" 명령을 내렸다. 각 함선은 일제히 닻을 올리기 시작했고, 처음 출항하는 수병들은 즐겁게 모자를 흔들며 인근 함선의 수병들과 인사를 나눴다. 다른 참전부대는 이미 오미나토, 사이판, 괌에서 출발했다.

나구모 중장의 기함은 군함 21척으로 구성된 항공모함 편대를 이끌고 첫 번째로 쿠타시 수로에 들어섰다. 나구모는 망원경으로 앞뒤로 규모가 큰 군함이 파도를 가르며 전진하는 것을 바라보았다.

아카기, 가가, 히류, 소류 등 항공모함 4척은 나구모 부대의 주력으로 비행기 260여 대를 보유하고 있었다. 함대는 종대(縱隊)를 이루어 수로를 통과하고 수상비행기 여러 대가 상공을 날며 항로를 정리하는 동시에 미군 잠수정을 수색했다.

정오 무렵 나구모 편대는 드넓은 태평양에 들어섰다. 항공모함 4척은 좌우로 늘어섰고 주위는 경계함으로 구성된 이중 경계권이 있었다. 이곳은 위험 지역으로 미군 잠수정의 추적을 피하기 위해 함대는 고도의 경계태세를 취하고 전속력으로 동남쪽으로 나아갔다.

나구모 편대는 날이 어두워질 때까지 미군 잠수정을 발견하지 못했고 무선 통신으로도 미군 함정의 무전을 감청하지 못했다. 나구모 중장은 그제야 한숨을 돌리고 위험 지역을 통과하는 즉시 함대에 미드웨이 제도로 진격하라고 명령했다.

고마츠 데루히사 중장이 이끄는 선견 잠수정 편대와 나구모 편대, 수송선 연대가 차례로 무사히 위험 지역을 통과했다. 뒤를 이은 야마모토 이소로쿠 대장은 '작전이 너무 순조로운 거 아닌가?' 하고 살짝 의문을 가졌다.

일본 연합함대가 하시라지마에 집결해 있을 당시, 미군 정보기관은 이미 일본군의 암호통신을 가로채 해독했으며, 연합함대의 공격 목표가 미드웨이 제도와 알류샨 열도임을 알고 있었다. 정보는 곧바로 미군 태평양함대 사령관 니미츠 해군 상장에게 전해졌다.

냉철한 니미츠는 알류샨 열도를 공격하는 척하면서 실제로는 미드웨이 제도 탈취가 목적이며, 더불어 작전 과정에서 미국 함대를 유인해 섬멸하려는 야마모토의 작전 의도를 꿰뚫고 있었다. 니미츠의 명령에 따라 미군은 미드웨이 제도에 해병, 포병 병력을 늘리고 방어진지와 군사시설도 대대적으로 강화했다.

태평양 항로 가운데에 있는 미드웨이 제도는 하와이 서북쪽에 위치한 관문으로 미국 해군 항공기지가 있어 지리적 위치가 매우 중요했다. 이에 니미츠는 또다시 해군 급강하폭격기 16대, 수상정찰기 30대, 와일드캣 전투기 7대, 육군폭격기 22대를 추가로 파견해 미드웨이 제도의 공군력을 강화했다.

섬의 미군 수비부대 2천여 명은 진지로 들어가 적의 공격에 대비했다. 진지 주위에는 수없이 많은 고사포가 설치돼 있었는데 이는 일본 함재기를 대비한 것이었다.

잠수정 20척은 섬에서 각각 100, 150, 200해리 떨어진 곳에 호형(弧形) 정찰선 세 줄을 배치했다. 이 밖에도 많은 어뢰정이 연해 정찰과 야간 습격 임무를 맡아 미드웨이 제도를 보위하기로 했다.

이번 전투의 승부수는 항공모함이었다. 그러나 렉싱턴호는 얼마 전 산호해 해전에서 격침됐고, 요크타운호는 손상을 입어 진주만에서 수리 중이고, 사라토가호는 멀리 산티아고에서 수리하는 중이었다. 와스프호와 엔터프라이즈호만 남아 있어 니미츠는 산호해 해전에 참가했던 모든 전함을 신속히 진주만으로 불러들였다.

5월 26일, 요크타운호 소속 제17기동함대가 진주만에 도착했다. 항공모함 요크타운호는 즉시 항만에 정박해 1천4백 명 노동자들이 밤낮으로 쉬지 않고 수리했다.

이튿날, 와스프호와 엔터프라이즈호가 제16기동함대를 따라 진주만에 도착했다. 그 다음 날, 기적적으로 요크타운호 수리를 완료했다. 이로써 2개 기동함대가 하나로 합쳐져 일분 일초를 다투며 연료를 주입하고 전투 준비에 박차를 가했다.

5월 30일 오전, 플레처 해군 소장의 지휘 아래 중순양함 7척, 구축함 15척이 와스프호, 엔 터프라이즈호, 요크타운호 항공모함 3척을 호위해 가며 급속도로 미드웨이 제도 동북쪽 어느 지점으로 가서 대기했다.

모든 배치가 완료됐으나 일본 연합함대가 여전히 압도적인 우세임을 알고 있던 니미츠로
서는 여전히 마음을 놓을 수 없었다. 어떻게 적을 물리치고 승리를 거둘 것인가? 수없이
많은 회의를 하고 전투 전날 밤까지도 참모인원들은 밤잠을 잊은 채 사령관에게 계속 의
견을 내고 어떻게 적을 제압할지에 관해 논의했다.

야마모토 이소로쿠가 지휘하는 주력편대와 곤도 노부타케 중장이 이끄는 미드웨이 공략
편대, 호소가야 보시로 중장이 이끄는 알류샨 편대는 기세등등하게 태평양에서 항진해 예
정대로 각자의 전투 위치로 향했다. 그는 미군이 이미 만반의 준비를 하고 기다린다는 것
을 꿈에도 생각지 못했다.

5월 26일부터 해상에는 안개가 자욱하게 끼기 시작했다. 천황의 은덕으로 하늘에서 내린 소중한 안개라 생각한 일본 함선 각 편대는 일반 수병에서 사령관에 이르기까지 모두 기쁨의 미소를 지었다. 다만 공격 일자인 6월 4일에는 승리를 놓치지 않도록 쾌청한 날씨이기를 바랐다.

짙은 안개는 3, 4일간 지속됐다. 5월 30일, 야마모토 주력편대와 곤도 편대가 중부 태평양을 지나던 중 기상이 악화돼 심한 폭풍우가 몰아치고 높은 파도가 일어 부득이하게 항행 속도를 늦출 수밖에 없었다.

폭풍우와 사투를 벌이고 있을 때 야마토호 기함 무전병이, 미 잠수정이 일본 수송선 연대 앞에서 미드웨이 제도로 보내는 장문의 긴급 무전을 가로챘다. 무전이 암호문이어서 해독할 수는 없었으나 수송선 연대가 이미 미군에게 발견됐을 것이기 때문에 금세 분위기가 가라앉았다.

연합함대 사령부 참모들은 일부러 웃음을 띠고 태연스럽게 "만약 미국 놈들이 우리의 의도를 알아챘다면 함대를 출동시켜 공격할 것이니 적을 유인해 섬멸하려는 목적을 달성할 수 있다"라고 말했다. 함께 있던 사람들도 수긍하며 움츠러든 마음을 진정시켰다.

이튿날에도 악천후가 계속됐다. 야마토호 무전 정보팀은 또다시 하와이와 알류샨 열도 부근의 미군 비행기와 미 잠수정의 활동이 매우 활발해졌음을 감지했다. 야마모토 이소로쿠는 창문 앞에 서서 심사숙고한 뒤 혹시 기동함대의 출동 조짐일 수 있으므로 수상비행기를 파견해 정찰하게 했다.

수상비행기 2대가 하와이를 정찰하기 위해 날아올랐다. 그들은 워트제에서 프렌치 프리깃 암초까지 날아가 기다리고 있던 잠수정에서 연료를 넣고 하와이로 날아가는 도중 워트제에 이르러 암초 옆에 미 군함 2척이 정박해 있다는 잠수정의 무전을 받았다.

일본 잠수정은 수중에서 계속 감시했다. 그런데 이튿날 군함 2척이 그대로 있을 뿐만 아니라 수상비행기 2대가 더 왔다. 이곳은 이미 미군 수상기지가 돼 있었으므로 하와이 정찰 계획은 취소됐다.

야마모토 대장은 근심이 가득한 얼굴로 참모진을 힐끗 쳐다보았다. 적의 병력 상황을 알려면 6월 2일경 고마츠 해군 중장의 선견 잠수정 편대가 하와이와 미드웨이 제도 사이에 구축하기로 한 잠수정 경계선이 완성되기만을 기다려야 했다. 다른 뾰족한 수가 없었다.

6월 1일, 비가 그치고 검은 구름이 낮게 드리우자 가시거리가 너무 짧아 야마모토 주력편
대는 합류 지점에서 유조선을 찾을 수 없었다. 유조선이 야마토호에 무전으로 방위를 알려
주고 나서야 다시 만나 연료를 채울 수 있었다. 그러나 이들이 무전을 사용했으므로 주력
편대의 위치가 적에게 드러날 상황에 처했다.

이날, 야마토호는 하와이의 무전 건수가 눈에 띄게 증가했음을 파악했다. 워트제에서 발진
한 일본 수상정찰기는 워트제 동북쪽으로 5백 해리(약 930km) 떨어진 해상에서 미국 수상
비행기와 조우전을 치렀다. 미군은 이미 정찰 범위를 7백 해리(약 1,300km)까지 넓혔고 양
측의 긴장감은 고조되기 시작했다.

6월 2일, 미드웨이 제도 부근에서 이(伊)-168호 일본 잠수정이 미군 비행기와 쾌속정이 섬 서남쪽의 방어, 정찰을 강화하고 경계를 높였음을 발견했다. 또한 섬에 많은 기중기가 있는 것으로 보아 일부 시설을 증축하고 있음을 알 수 있었다. 잠수정은 즉시 야마토호에 보고했다.

나구모 편대는 야마모토 앞쪽 약 600해리(약 1,110km) 되는 곳에서 짙은 안개에 싸인 해역에 진입했다. 출발 전 나구모의 참모장 구사카(草鹿) 소장은 줄곧 사령부에 정찰 상황을 아카기호에 전해 달라고 요청했으나, 사령부는 적에게 위치를 노출하지 않기 위해 무전을 하지 않았고, 이는 나구모를 비롯해 구사카와 막료들을 불안하게 했다.

6월 3일 오전, 미군 수상비행기 1대가 미드웨이 제도 서쪽 6백여 해리 되는 곳에서 군함 26척으로 구성된 일본 함대를 발견하고 즉시 미드웨이 기지에 보고했다.

이 함대는 일본군 다나카 라이조 소장이 지휘하는 수송선 연대로 미드웨이 상륙부대 5천 명을 싣고 있었다. 미군 수상비행기가 물러가기는 했으나 당연히 보고할 것이고 그러면 미군 비행기가 몰려올 것이 뻔했다. 다나카는 즉시 야마토호에 보고하고 각 함선에 전투 준비를 명령했다.

과연 오후가 되어 미군 B-17 폭격기 9대가 날아왔다. 수송선 연대 각 함선이 포화로 공중 화력망을 이루어 미군 비행기는 고공에서 폭탄을 투하할 수밖에 없었다. 폭탄이 폭발하면서 물기둥이 하늘로 치솟고 사방으로 물보라를 일으켰으나 수송선 연대 함선은 모두 무사했다.

깊은 밤, 또 한 무리의 미군 비행기가 함대 쪽으로 날아왔다. 미군 조종사들은 낮의 일을 교훈 삼아 저공비행하면서 공격했고, 그중 한 비행기가 발사한 어뢰에 아케보노마루 유조선 선두가 명중돼 20여 명이 사망했다. 그러나 함선 자체는 크게 파손되지 않아 속도를 줄여 항행할 수 있었고, 다른 함선들은 피해를 입지 않은 상태였다.

긴급 보고가 연이어 야마토호 기함으로 발송됐고 야마모토와 막료들은 초조해졌다. 나구모 편대가 미드웨이 제도를 공습하기 전에 수송선 연대가 너무 일찍 미군에 발견된 것은 좋은 징조가 아니었다.

위치가 노출된 수송선 연대를 엄호하기 위해 알류샨 편대 제2기동부대는 류조호 항공모함을 필두로 하여 고속으로 알류샨 열도에 다가가 6월 3일에는 이미 더치하버를 공습할 수 있는 위치에 도착했다. 류조호 기함에서는 가토(加藤) 함장이 공격대 조종사들에게 마지막 명령을 내리고 있었다.

기함에서 신호를 보내자 류조, 준요 항공모함에서는 폭격기 23대와 전투기 12대가 발진해 두 팀으로 나누어 구름을 뚫고 알류샨 열도의 더치하버로 날아갔다.

미군은 일본군의 더치하버 공격이 성동격서(聲東擊西)임을 알고 있었으나 경계를 늦추지 않고 일본 비행기가 상공에 이르자마자 고사포로 공격했다. 일본 비행기는 더치하버의 무선통신기, 유류창고를 폭격했으나 미국 비행기와 군함은 발견할 수 없었으므로 목적을 달성하지 못하고 회항했다.

같은 날, 미드웨이 제도와 하와이 사이에 경계선 2줄을 설치하려던 일본군 잠수정 편대가 원래 계획보다 이틀이나 늦게 도착해 밤에만 수면 위로 올라와 진주만 방향에서 오는 미군함을 감시했다. 그러나 미군 기동함대는 이미 이곳을 통과해 멀리 서쪽으로 가버린 뒤였다.

나구모 편대는 고리 모양의 대형을 이루고 고속으로 미드웨이 제도에 접근하고 있었다. 이날 저녁 무렵, 나구모는 내일 새벽 미드웨이 공습을 위해 바삐 움직이고 있는 비행갑판 위의 지상근무 인원을 지켜보고 있었다. 그는 두려움과 당혹감에 휩싸였다. 공격대는 이제 곧 출발하는데 적함의 동향은 여전히 알 수가 없었다.

6월 4일 새벽, 제1파 공격대 비행기들이 준비를 마치고 비행갑판 위에 나란히 서 있었다. 나구모의 계획은 수색기와 제1파 공격대가 동시에 출격한 후, 곧바로 제2파 공격대가 출격 준비하고 있다가 만약 미군 함대를 발견하는 즉시 제2파 공격대가 출격해 공격하는 것이었다.

서서히 날이 밝아오고 대낮처럼 불빛이 밝은 갑판 위는 귀청을 찢는 듯한 소음으로 가득 찼다. 제1파 공격대의 비행기 108대가 항공모함 4척에서 15분 만에 모두 하늘로 솟아올랐다. 나구모 중장이 손목시계를 보니 4시 30분이었다.

제1파 공격대의 총지휘관 도모나가 조이치(友永丈市) 해군 대위는 비행기를 이끌고 함대 상공에서 한 바퀴 돌아 비행편대를 완성한 후 4천m 상공으로 날아올라 동남쪽을 향해 신속하게 날아갔다.

시끌벅적하던 비행갑판이 조용해진 지 얼마 안 돼 종소리가 또다시 울리더니 확성기에서 명령이 들려왔다. "제2파 공격대 준비!" 또다시 분주해진 지상근무 인원들은 승강기로 비행기를 하나하나 갑판에 올려 이륙선 앞으로 밀어갔다.

오전 5시, 제2파 공격대의 급강하폭격기 36대는 폭격기마다 250kg의 커다란 폭탄을, 수평폭격기 36대는 어뢰 하나씩을 싣고 함선을 호위하는 제로기 36대도 함께 만반의 준비를 마치고 대기했다.

일본의 진주만 기습으로 참패를 당한 미군은 미드웨이 제도에서 설욕하려고 벼르고 있었다. 그 시각, 스프루언스 해군 중장이 지휘하는 제16 · 17 기동함대는 감쪽같이 미드웨이 제도 동북쪽 해상에 은폐하고서 계속 무전 침묵을 유지하면서 공격 시기를 조용히 기다리고 있었다.

6월 4일 오전 5시 20분, 미 공군 정찰폭격기 1대가 해상을 정찰하다가 항공모함 4척으로 구성된 나구모 편대를 발견하고 급히 미드웨이 기지에 보고했다.

미군 사령부는 일본군의 공격이 코앞으로 다가왔다고 판단하고 섬의 모든 비행기에 공중전을 준비하고 대공 포화의 경계도 더욱 강화하라고 명령했다.

이와 함께 또 다른 미군 정찰폭격기 1대가 미드웨이에서 150해리(약 280km) 떨어진 어슴푸레한 새벽 상공에서 대량의 적기를 발견하고 상황을 살피기 위해 높은 위치에서 그들의 뒤를 추격했다.

미드웨이 제도 미군 레이더 화면에 무수히 많은 검은 점이 나타나더니 점차 커졌다. "적기 출현!" 레이더병은 황급히 전화통을 들고 사령부에 보고했다.

미군 조종사들은 "긴급 이륙" 명령이 떨어지자 하나둘 하늘로 솟구쳐 오르더니 작전대로 흩어지기 시작했다. 일부 폭격기, 뇌격기는 적기를 피해 일본 항공모함으로 날아가고 전투기는 위에서 아래로 적기를 습격하기 위해 신속하게 고도를 높였다.

일본 비행기가 미드웨이 제도에서 30해리(약 60km) 떨어진 곳까지 날아왔을 때 높이 뒤따라오며 비행하던 미군 정찰폭격기가 불시에 조명탄을 투하해 일본 비행기가 전부 드러났다. 곧이어 미군 전투기가 5천 피트 되는 유리한 고도에서 급강하하며 공격을 퍼붓자 예광탄이 어두운 상공에서 뒤엉켜 적들을 당황하게 만들었다.

일본 비행기들을 이끄는 도모나가 대위는 경험이 풍부한 비행지휘관이므로 제로기를 지휘해 미군 비행기와 격전을 벌이는 한편 폭격기에 원래 계획대로 미드웨이 제도를 공습하라고 명령했다.

일본 비행기 무리가 사정거리에 들어온 순간 섬의 방어 화력이 일제히 불을 뿜었다. 일본군 급강하폭격기들은 주황빛 화력망을 뚫고 초저공비행하여 미드웨이 제도를 융단 폭격했다. 수평폭격기 12대는 이스턴 섬 비행장과 샌드 섬의 격납고 및 지상시설을 집중적으로 폭격했다.

이번 하늘 대 하늘, 지상 대 하늘 전투로 일본군 비행기는 8대, 미군 전투기는 15대가 격추
됐다. 항공모함으로 돌아가기 위한 연료만 남은 것을 확인한 도모나가는 제1파 공격대를
되돌려 미드웨이 상공을 벗어났다. 이때, 그의 비행기 기체가 크게 흔들리더니 비행기 좌
익 기름 탱크가 명중됐으나 다행히 불은 붙지 않았다.

미군이 사전에 대비를 하고 있었으므로 일본군의 제1파 공격대는 미드웨이 미 공군 함정
을 섬멸하려던 목적을 달성하지 못했다. 도모나가가 시계를 보니 7시였다. 그는 회항 도중
무전으로 아카기호에 보고했다. "신속하게 제2차 공격 실시, 미군 비행기가 기지로 회항할
때 그들을 소탕하라."

도모나가 대위는 아군 항공모함도 난처한 상황에 직면해 있다는 것을 모르고 있었다. 오전 5시 25분, 남쪽에서 미군 수상정찰폭격기 1대가 날아오자 아카기호는 신속하게 전투기 9대를 발진시켰다. 그러나 미군 비행기는 재빨리 도망쳤다.

일본군 비행기가 돌아와 항공모함 비행갑판 위에 착륙하려는 순간 또 다른 미군 수상비행기 1대가 함대 상공에 나타났다. 일본 비행기는 다시 이륙해 추격했고 미군 비행기는 숨바꼭질하듯 구름 사이를 다니며 일본 비행기 조종사의 약을 바짝 올리고는 얼마 안 돼 구름 속으로 사라져 버렸다.

정각 7시, 아카기호는 도모나가 대위의 보고를 받고 방금 전 미군 비행기가 미드웨이 해안 기지에서 날아온 비행기임을 알 수 있었다. 바로 이때, 전위(前衛)분대 구축함 1척에서 갑자기 "적기 발견" 깃발을 올리더니 연막을 발사해 신호를 보냈다.

미군 뇌격기 4대가 저공으로 날아오더니 일본 함대를 공격하기 시작했다. 일본 제로기가 맞받아 덮치면서 기관포로 연이어 사격했고 "우르릉 꽝" 하는 커다란 소리가 몇 번 나더니 미군 비행기 3대가 격추되고 나머지 1대는 황급히 도망쳤다. 갑판 위에서 지켜보던 수병들은 일제히 박수를 쳤다.

일본 조종사가 숨 돌릴 틈도 없이 공습 경보가 또다시 울렸다. 함교 감시초소에서 "수평선 위 우현 20° 중형 육상기 6대, 폭격기 4대!"라는 큰소리가 울려나왔다. 말이 끝나기도 전에 구축함, 순양함, 전함의 화포가 일제히 불을 토했다.

제로기 3대가 자기편의 포화를 무릅쓰고 쏜살같이 미군 비행기로 돌진해 불을 내뿜었고 미군 비행기 3대는 명중돼 불이 일더니 바다로 곤두박질했다. 나머지 미군 비행기 7대의 조종사들은 전우가 전사하는 것을 보고 격분해 포화를 무릅쓰고 적함을 향해 어뢰 몇 개를 발사했다.

어뢰는 수면에서 각기 하얀 물보라를 일으키며 아카기호를 향해 날아갔다. 아카기호는 급히 어뢰를 피해 방향을 바꿨고 어뢰는 좌현 선두 앞을 스쳐 지나갔다. 공중전이 끝나고 겨우 철수한 미군 비행기 2대를 제외하고 나머지는 모두 바다 밑으로 사라졌다.

시종 입을 꾹 다물고 냉정하게 지켜보던 나구모 중장은 도모나가 대위의 보고가 정확함을 확신했다. 지금까지 부근에 미군 함대가 있다는 보고가 없는 것으로 보아 마음 놓고 제2파 공격대로 미드웨이 제도를 공습할 수 있다는 것이고, 그러려면 이미 비행기에 장착했던 어뢰를 폭탄으로 바꾸어야 했다.

아카기, 가가 두 함선의 지상근무 · 무기담당 인원들은 신속하게 움직여 비행갑판 위 수평
폭격기에 장착한 어뢰를 떼어낸 후 비행기를 격납고로 돌려보내 폭탄을 장착해 다시 비행
갑판 위에 올려놓았다.

6월 4일 아침, 일본 주력편대 기함 야마토호에서 야마모토 대장은 나구모 편대의 보고를
받고 미드웨이 제도의 미군 항공 병력이 곧 섬멸될 것이라 믿었다. 그는 제2파 공격대가
출동했다는 소식을 기다렸다.

토네호에서 파견된 수색기가 미 군함 10척을 발견했다고 보고했으나 야마모토와 그의 막료들은 침착했다. 왜냐하면 함대가 멀고 먼 바닷길을 헤치며 이곳까지 온 것은 바로 미군 기동함대를 섬멸하기 위한 것이고, 이미 나구모가 제2파 공격대를 출격시킬 준비를 마쳤기 때문이다.

이때 일본군 수송선 연대를 폭격하러 가던 미군 B-17 폭격기 14대가 도중에 나구모 편대를 발견했다. 그들은 계획을 바꿔 2만 피트 고공에서 히류, 소류 두 항공모함을 향해 폭탄을 연달아 투하했으나 명중시키지는 못했다. 폭탄을 모두 투하한 미군 폭격기는 신속하게 회항했다.

정각 8시, 나구모 항공모함 편대의 일본군 조종사가 전위 구축함에서 연막으로 신호를 보내는 것을 발견했고, 통신장비에서도 지상의 지시 내용이 들려왔다. "미드웨이 제도 방향에서 한 무리의 소형 적기가 날아오고 있음."

미군 해병대 급강하폭격기는 총 16대로 조종사들은 모두 신참이었다. 그들이 히류호 항공모함으로 강하해 폭격하자 일본 제로기 10여 대의 맹렬한 공격을 받았고, 전투기의 엄호가 없었던 폭격기는 절반이 바닷속으로 떨어지고 나머지는 방향을 바꿔 날아가 버렸다.

미군 기동함대는 미드웨이 제도가 공습당했다는 소식을 듣고 즉시 나구모 편대가 함재기를 출동시켜 공격할 때, 와스프호, 요크타운호, 엔터프라이즈호의 함재기로 일본 항공모함에 치명적인 타격을 주기로 했다. 기동함대가 조심스럽게 나구모 편대를 향해 접근하고 있을 때, 나구모 편대의 토네호 순양함이 파견한 수색기 1대가 멀리서 뒤따르고 있었다.

아카기호는 군함 10척을 발견했는데 '아마도' 미국 군함인 듯하다는 수색기의 보고를 받았다. 나구모와 막료들은 깜짝 놀랐다. 그들은 미국 함대가 이렇게 빨리 나타날 줄 몰랐고 더욱이 지금처럼 가까운 곳에서 갑자기 나타나리라고는 생각지도 못했다.

정보참모는 즉시 해상지도에서 미국 함대의 위치를 찾아냈는데 2백 해리(약 370km) 떨어진 곳으로 함재기 공격 범위 내에 있었다. 두려울 것이 없는 나구모는 수색기에 함선 종류 확인을 지시하고, 이어 아카기, 가가호에 폭탄 교환을 멈추고 함대 전체에 적의 군함 공격을 준비하라고 명령했다.

다시 적의 함대를 정찰하러 간 수색기는 미군 함대 뒤에 항공모함 1척이 있는 듯하다고 보고했다. 수색기의 보고를 들은 나구모는 크게 당황했다. 마침 제1파 공격대가 돌아와 착륙 대기 중이었고, 제2파 공격대 전투기들은 이미 대부분 어뢰를 폭탄으로 교체했으며, 또한 함대 상공에서 호위하던 전투기도 연료가 거의 떨어졌다.

신중한 나구모는 결단을 내리고 우선 비행갑판을 비워 제1파 공격대 비행기들을 착륙시키라고 명령했다. 계속 몰아치는 고된 작업으로 지친 지상근무 인원들은 또다시 전투기를 아래쪽 격납고로 옮겨 폭탄을 내리고 군함을 공격할 수 있는 어뢰를 장착했다.

회항한 비행기들이 갑판에 착륙했다. 격납고에서는 속옷 차림의 지상근무 인원들이 급히 어뢰 교체를 하면서 시간을 단축하기 위해 떼어낸 폭탄을 격납고 옆에 쌓아두었다.

나구모는 편대를 이끌고 북쪽으로 철수했다. 이때 미군 항공모함이 1척이 아니라는 새로운 정보가 전해졌다. 나구모는 곧 상당한 위기가 닥칠 것이고 함재기를 재빨리 발진시켜야 함을 알고 있었다. 명령에 따라 지상근무 인원들은 승강기로 어뢰를 장착한 비행기를 비행 갑판으로 옮기기 시작했다.

미군 항공모함 와스프호에서 발진한 뇌격기 15대는 월드론 소령의 지휘 아래 나구모 편대 경계권 밖까지 날아갔다. 수많은 군함이 항공모함 4척을 호위하며 북쪽으로 전진하는 것을 본 월드론 소령은 즉시 일본 함선 공격 명령을 내렸다. 이때, 전방에서 일본군 정찰전투기 50여 대가 나타났다.

미군 뇌격기는 유효 사정거리에 진입하기도 전에 일본 전투기의 공격을 받았다. 전투기의 호위가 없었던 미군 비행기는 연달아 일본 전투기에 명중돼 검은 연기를 뿜으며 바다로 떨어져 전멸했다.

아군 비행대의 전멸 소식이 전해졌으나, 미군 기동함대 스프루언스 사령관의 냉철한 얼굴에는 주저하는 빛이 전혀 없었다. 그의 명령에 따라 곧이어 뇌격기 41대가 역시 호위 전투기 없이 항공모함 3척에서 발진했다.

9시 30분, 목표 상공에 도착한 뇌격기는 1줄 종대 대형을 이루고 수면에 바싹 붙은 채 양쪽에서 나구모 편대를 파고들어 공격 목표를 찾았다.

신속히 출동한 일본군 제로기가 미군 비행기 14대를 이내 격추시켰다. 나머지는 히류호 항공모함에 어뢰 7개를 발사했는데 히류호가 급히 피해 모두 빗나갔다. 미군 비행기는 좌충우돌하며 일본 비행기의 연속적인 공격을 당해내지 못하고 대부분 바다로 떨어졌으며 6대만이 포위를 뚫고 철수했다.

미군 뇌격기가 공격하는 동안 나구모 편대 항공모함 4척은 줄곧 반격 준비를 하고 있었다. 비행갑판에는 5분 내에 발진할 수 있는 비행기들이 가득 세워져 있었다. 발진하기 쉽게 항공모함은 바람을 거슬러 항행하기 시작했다.

10시 24분, 확성기의 명령에 따라 일본 함선에서 첫 번째 제로기가 시위에서 벗어난 화살처럼 갑판에서 발진해 날아올랐다. 갑자기 감시초소에서 고함 소리가 들려왔다. "적기다! 급강하폭격기다!"

갑판에 있던 병사들이 미처 정신을 차리기도 전에 미국 돈트레스 급강하폭격기 3대가 숨어 있던 구름 속을 뚫고 수직 급강하해 내려오더니 곧이어 폭탄이 비행기 날개로부터 흔들거리며 떨어졌다. 거대한 굉음과 함께 번갯불이 번쩍이더니 기함 아카기호가 명중됐다.

미군 비행기는 일본 비행기의 저지를 받지 않고 폭격 임무를 완성하고는 즉시 머리를 돌려 회항했다. 아카기호 비행갑판 가운데 승강기에 커다란 구멍이 뚫렸고 아래층 격납고에서는 짙은 연기가 나면서 파란 불길이 뱀같이 스륵스륵 소리를 내며 퍼지더니 불길이 걷잡을 수 없이 확산됐다.

곧이어 연속적인 폭발이 이어지다가 거대한 선체가 마구 뒤흔들렀다. 전투기에 어뢰 교체를 하며 격납고 옆에 쌓아두었던 폭탄이 큰 불에 연쇄적으로 폭파한 것이다. 이는 치명적인 폭발이었다.

불길이 비행갑판 위에 세워 놓은 비행기로 옮겨 붙었다. 엎친 데 덮친 격으로 비행기에 장착한 어뢰가 폭발하기 시작했고 폭탄 조각과 비행기 파편들이 사방으로 날렀다. 격납고와 비행갑판은 불바다로 변했으며 불길은 또 순식간에 함교로 번졌다.

아카기호는 작전 능력을 완전히 상실했고 외부와의 통신도 단절됐다. 참모장 구사카 소장
은 사령관 기를 나가라호 순양함으로 옮겨 가자고 주장했으나 나구모는 주저했다. 아카기
호 아오키(青木) 함장이 눈물을 머금고 간청했다. "군함은 제가 돌볼 테니 '나가라호'에 가
서 계속 부대를 지휘하십시오."

이때 부관이 뛰어와 복도까지 불길이 번졌다고 보고했다. 구사카 소장이 거듭 재촉하고 나
서야 나구모는 부관의 부축을 받아 함교 창문에서 밧줄을 타고 내려갔다. 나가라호의 작은
배가 이미 돛을 던지는 갑판 쪽에서 기다리고 있었다.

아카기호가 미군 비행기의 공습을 받았을 때 가가호 항공모함도 치명적인 폭격을 당했다. 함장과 몇몇 군관들은 그 자리에서 목숨을 잃었고 함교 옆 급유차가 폭발해 불길은 걷잡을 수 없이 퍼졌다. 선체가 기울기 시작하자 장교와 병사들은 함선을 포기하고 구명보트를 이용해 옆에 있던 하기카제와 마이카제호로 옮겨 탔다.

밤 7시 25분, 가가호에서 갑자기 두 번의 굉음이 울리더니 한때 가장 우수했던 이 일본 항공모함은 차가운 북태평양 바닷속으로 침몰했고, 이 함선에서만 8백 명이 전사했다.

소류호도 미군 폭격기 13대의 공격을 받아 폭탄에 명중됐다. 가운데 승강기와 갑판이 파괴됐고 불이 유류창고와 탄약고에 옮겨 붙어 전체가 짙은 연기와 뜨거운 불길에 휩싸였다. 야나기모토(柳本) 함장은 어쩔 수 없이 함선을 포기하라고 명령했고, 병사들은 바다에 뛰어들었다가 하마카제와 이소카제호에 의해 구조됐다.

소류호 선원이 모두 철수하고 야나기모토 함장만 함교에 남았다. 선원들은 항공모함에 돌아가 함장을 안전한 곳으로 모시도록 하사관을 1명 뽑아 함교로 보냈다. 아무 말도 하지 않고 입을 굳게 다문 야나기모토에게서 군함과 생사를 같이하려는 굳은 결심이 엿보였다. 하사관은 어쩔 수 없이 함교에서 내려와 철수했다.

밤 7시 13분, 불길에 휩싸인 배에서 탈출한 선원들은 주변에 있던 구축함 몇 척에 나눠 타고 소류호 항공모함이 검은 바닷물 속으로 사라져가는 것을 지켜보았다.

아군이 참담하게 깨지고 있다는 소식은 야마토호에 있던 야마모토 대장에게도 전해졌다. 전세가 급변해 나구모 편대 항공모함 4척 중에서 3척이 침몰하고 있다는 사실을 알게 된 그는 그만 눈이 휘둥그레져 헛기침만 하면서 입을 열지 못했다.

야마모토는 전체 병력을 한데 모아 미군을 제압해야 한다고 생각했다. 그는 1시간 정도가 족히 지난 후에 겨우 함대를 집결시켜 짙은 안개를 뚫고 3백 해리(약 560km) 밖에 있는 나구모 편대를 지원하러 갔다. 야마모토는 자신이 직접 지휘해 미군 함대를 섬멸하고 미드웨이 제도를 점령하려 했다.

오전 11시 50분, 야마모토 대장은 나구모가 나가라호에서 발송한 무전을 받았다. 무전 내용은 현재 자신의 상황 및 남은 병력으로 미군 기동함대를 공격할 계획을 보고했으며, 또한 알류산 편대의 류조호, 준요호 두 항공모함을 지원해줄 것을 요구하고 있었다.

알류샨 편대를 지휘하는 가쿠다(角田) 소장은 야마모토 대장에게 8일 오후는 돼야 미드웨
이 지역에 도착할 수 있다고 답했다. 곧이어 히류호가 공습을 받아 불이 붙었다는 긴급 무
전을 전해들은 야마모토는 고전을 면치 못하고 있는 아군의 상황에 한동안 말문이 막혀
버렸다.

늦은 저녁, 소류호, 가가호가 연이어 침몰했고 아카기호, 히류호도 상황은 비슷했다. 야마
모토 대장은 의외로 침착하고 낮은 목소리로 현재 있는 우세한 전투력을 집중해 미군과
야간 전투를 치를 것을 명령했다. 승리할 가능성이 거의 없음을 알고 있었으나 사기가 무
너지는 것을 막기 위해서였다.

그러나 미군 함대와의 야간 전투는 야마모토 혼자만의 생각이었다. 스프루언스는 일정한 거리를 두고 동쪽으로 철수했다. 반면 대낮은 미군 함재기의 천하였다. 희망의 불길이 점점 사그라지자 야마모토는 가죽의자에 털썩 주저앉았다.

아카기, 가가, 소류가 폭탄을 맞아 불타고 있을 때, 나구모 편대의 각 함선은 히류호 항공모함을 중심으로 북쪽을 향해 계속 철수했다. 히류호 함장 야마구치(山口) 소장의 명령에 따라 급강하폭격기 18대와 제로기 6대로 구성된 공격대가 발진했다.

공격대가 마침내 항공모함 3척으로 구성된 미군 기동함대를 발견했을 때 그들 역시 회항하는 적군 함재기에 발견돼 양측은 공중전을 벌였다.

그 와중에 일본 폭격기 6대가 요크타운호 항공모함으로 급강하해 폭탄을 투하했고 3개가 명중돼 거대한 구름기둥이 치솟았다. 요크타운호는 더 이상 앞으로 나아갈 수 없었으나 30여분 동안 긴급 정비를 받은 뒤 20노트(시속 약 37km)의 속도로 항행할 수 있게 됐다. 일본군은 폭격기 13대와 전투기 3대가 격침됐다.

미군 기동함대에 항공모함이 3척 있다는 보고를 받은 야마구치 소장은 매우 당혹스러웠다. 그러나 곧 침착하게 현재 요크타운호가 아군의 공격으로 손상을 입었으니 바로 이어 비행기를 총출동시켜 두 번째 공격을 실행하라고 지시했다. 그리하여 히류호의 뇌격기 10대와 전투기 6대가 또다시 발진했다.

오후 2시쯤, 공격대는 미군 항공모함 1척을 발견했다. 미군 호송기가 제로기와 공중전을 벌이는 사이 뇌격기는 즉시 수면에서 100m 가량 되는 곳까지 하강해 항공모함에 어뢰를 발사했다. 항공모함은 선체 좌현 앞부분과 가운데 부분이 명중돼 그 자리에 멈췄고, 일본군 비행기 8대는 소기의 성과를 거두고 철수했다.

히류호에는 이제 비행기 15대만이 남아 있었다. 동틀 무렵부터 거의 쉬지 못하고 전투를
치른 조종사들은 기진맥진했다. 오후 5시가 돼 저녁밥 대신 떡을 허겁지겁 먹고 있는데 감
시초소에서 갑자기 큰소리가 들려왔다. "적기다!"

미군 비행기 24대가 일제히 히류호를 맹공격했다. 함상 고사포가 즉시 불을 내뿜었지만
마구 쏟아지는 폭탄을 막기는 역부족이었다. 선체에 명중된 폭탄 4개가 금세 큰불과 일련
의 폭발로 이어졌고, 짙은 연기와 불길이 하늘로 치솟았다.

함교의 창문이 박살났고 큰불이 갑판 위에 세워둔 비행기 15대에 옮겨 붙으면서 비행기에 장착된 폭탄이 터지기 시작했다. 미군 비행기가 연속 공격하자 '나는 용[飛龍]'은 끝내 '죽은 뱀'처럼 기울어지기 시작했다.

근처에 있던 카자구모호, 유우구모호 두 구축함이 구조하러 왔으나 히류호를 살려낼 방법이 없어 선원들은 함선을 포기할 수밖에 없었다.

끝까지 함선을 떠나지 않은 야마구치 해군 소장은 자신을 함교에 묶어두고 귀청이 떨어질
듯한 폭발음 속에서 커다란 항공모함과 함께 서서히 바다 밑으로 가라앉았다.

자신의 편대 항공모함인 가가, 소류, 히류 그리고 기함 아카기호마저 잃게 되자 격분한 나
구모는 전투력을 결집해 미군 기동함대와 결전을 치르려 했다. 그러나 스프루언스는 이미
함대를 안전한 위치까지 철수시키고, 공중 우세를 이용해 수시로 일본군 함대를 공습했다.
결국 나구모는 어쩌지 못하고 철수를 결정했다.

도쿄 군령부의 나가노 해군 대장은 항공모함 가가, 아카기 등 4척이 적에게 격침됐다는 보고를 받고, 즉시 관련 장성들을 불러 회의를 소집해 현 상황에 대해 의논했다. 회의에서 해군 전략가들은 계속 전투를 이어가는 것은 미련한 짓이라 여겼다.

야마모토 대장의 '승리가 아니면 전멸'인 성향을 잘 알고 있던 나가노는 고민에 빠졌다. 그는 야마모토가 모든 것을 걸고 현재 압도적으로 우월한 미군 항공력을 상대로 결사전을 벌일까 봐 두려웠다. 그러나 도쿄에서는 어떤 명령이나 의견도 전하지 않고 야마모토 대장이 스스로 결정하게 했다.

야마모토는 여전히 포기하지 않고 미드웨이 제도를 다시 공격할 계획을 내놓았다. 참모장 우가키(宇垣) 해군 소장이 즉각 반대했다. "군함만 가지고 해안시설과 교전하는 것은 어리석은 짓입니다. 게다가 미드웨이 제도에는 많은 육상 비행기가 있고 항공모함도 있습니다."

한 군관이 나와 모두가 하고 싶어 하는 말을 했다. "어떻게 이 실패를 천황께 보고해야 합니까?" 부하의 갑작스런 질문에 줄곧 입을 다물고 있던 야마모토 대장은 벌떡 일어섰다. "천황 폐하께 사죄할 사람은 나 혼자뿐이다." 결국 그는 적함을 공격하거나 미드웨이 제도를 점령하려는 계획을 모두 포기하기로 결정했다.

6월 5일 오전 2시 50분, 낙심한 야마모토는 미드웨이 제도 작전 계획 전체를 취소하라고 명령했다. 야마모토는 무엇 때문에 우세한 병력으로 참패했는지 납득할 수가 없었다.

풀이 죽은 야마모토 대장은 남은 병력을 집결시켜 천천히 일본 본토 방향으로 철수했다. 스프루언스는 아직도 수시로 함재기를 파견해 추격했으며 폭탄을 일본군 머리 위에 쏟아 부었다.

일본군은 미드웨이 해전에서 참패했다. 야마모토가 전략·전술에서 주관주의적 착오를 일으켜 하나를 보면 다른 하나를 놓치다 보니 6개 함대가 하나로 뭉치지 못했다. 그렇게 나구모 함대가 고립된 것도 원인이지만, 연합함대가 출발하기도 전에 미군이 무전 암호를 해독한 것도 치명적이었다.

미드웨이 제도에서의 해군·공군 대전은 일본군 연합함대의 참패로 막을 내렸다. 이번 참패는 태평양전쟁의 전환점이 됐고, 이때부터 일본은 전략적 공세에서 수세로 바뀌었으며, 패망을 향해 한 걸음 다가서게 된다. 그러나 야마모토는 여전히 멈추지 않고 또다시 남태평양 솔로몬 제도의 과달카날로 진격했다.